Todos los libros de Linkgua Ediciones cuentan con modelos de Inteligencia Artificial entrenados por hispanistas. Pregúntale al chat de tu libro lo que desees acerca de la obra o su autor/a.

Para ebooks: Accede a nuestro modelo de IA a través de este enlace.

Para libros impresos: Escanea el código QR de la portada con tu dispositivo móvil.

Obtén análisis detallados de nuestros libros, resúmenes, respuestas a tus preguntas y accede a nuestras ediciones críticas generativas para una experiencia de lectura más enriquecedora.
La transparencia y el respeto hacia la autoría de las fuentes utilizadas son distintivos básicos de nuestro proyecto. Por ello, las respuestas ofrecen, mediante un sistema de citas, las fuentes con las que han sido elaboradas.

José Martí

Cartas a María Mantilla

Barcelona 2024
Linkgua-ediciones.com

Créditos

Título original: Cartas a María Mantilla.

© 2024, Red ediciones S.L.

e-mail: info@linkgua.com

Diseño de cubierta: Michel Mallard.

ISBN rústica ilustrada: 978-84-9007-694-1.
ISBN rústica: 978-84-96290-91-4.
ISBN ebook: 978-84-9897-871-1.

Cualquier forma de reproducción, distribución, comunicación pública o transformación de esta obra solo puede ser realizada con la autorización de sus titulares, salvo excepción prevista por la ley. Diríjase a CEDRO (Centro Español de Derechos Reprográficos, www.cedro.org) si necesita fotocopiar, escanear o hacer copias digitales de algún fragmento de esta obra.

Sumario

Brevísima presentación

La vida

José Martí (La Habana, 1853-Dos Ríos, 1898), Cuba.

Era hijo de Mariano Martí Navarro, valenciano, y Leonor Pérez Cabrera, de Santa Cruz de Tenerife.

Martí empezó su formación en El Colegio de San Anacleto, y luego estudió en la Escuela Municipal de Varones. En 1868 empezó a colaborar en un periódico independentista, lo que provocó su ingreso en prisión y más tarde su destierro a España. Vivió en Madrid y en 1871 publicó El presidio político en Cuba, su primer libro en prosa.

En 1873 se fue a Zaragoza y se licenció en derecho, y en filosofía y letras. Al año siguiente viajó a París, donde conoció a personajes como Víctor Hugo y Augusto Bacquerie.

Tras su estancia en Europa vivió dos años en México. Por esa época se casó con Carmen Zayas Bazán, aunque estaba enamorado de María García Granados, fuente de inspiración en sus poemas.

En 1878 regresó a La Habana y tuvo un hijo con Carmen. Un año después fue deportado otra vez a España (1879). Hacia 1880 vivió en Nueva York y organizó la Guerra de Independencia de su país. Fue cónsul de Argentina, Uruguay y Paraguay en esa ciudad norteamericana; dio discursos, escribió artículos y versos, conspiró, fundó el Partido Revolucionario Cubano y redactó sus Bases. En 1895, al iniciarse la Guerra de Independencia, se fue a Cuba y murió en combate.

Cartas premonitorias

Las *Cartas a María Mantilla* son una conmovedora serie de epístolas escritas por Martí a la hija de los propietarios de una pensión en Nueva York. Son un texto de referencia en la literatura cubana del siglo XIX.

María era hija de Carmen Miyares de Mantilla y de su esposo Manuel Mantilla Sorzano. Aunque muchos afirman que en realidad era hija de José Martí.

Las cartas se interrumpen en medio de la guerra de Independencia cubana en la que Martí participa y entrega su vida poco después, y son una premonición del *Diario de campaña*, en el que Martí relata los pormenores de su aventura guerrera. En ocasiones muestran una tremenda intuitición trágica:

> Aprende de mí. Tengo la vida a un lado de la mesa, y la muerte a otro, y un pueblo a las espaldas: —y ve cuántas páginas te escribo.

Que resulta conmovedora si se tiene en cuenta que María Mantilla era una adolescente.

Cartas a María Mantilla

1. Waycroos. 28 de mayo, 1894. María mía:

¿Conque Fermín es *querídisimo*, y yo no soy más que querido? Así dicen tus cartas. Yo me vengo de ti, queriéndome con todo mi corazón. Aunque tú y yo somos así, que callamos cuando más queremos. La verdad es que no estoy bravo contigo.

¡Me acordé tanto de ti en mi enfermedad! Una noche tenía como encendida la cabeza, y hubiera deseado que me pusieses la mano en la frente. Tú estabas lejos.

¿Te acuerdas de mí? Ya lo sabré a mi vuelta, por el ejercicio en francés de cada día, que hayas escrito con su fecha al pie, —por la música nueva, —por lo que me digan del respeto con que te has hecho tratar, —y por el calor de tu primer abrazo.

A Carmita, que me quiera, que se ría dos horas al día, y no más, y que pinte.

Tu Martí

Ernesto:

Quiere, sirve, habla con finura, y trabaja.

Tu Martí

2. María mía:

Ya no te vuelvo a escribir hasta que te vea, o poco antes, y quiero decirte adiós, para que no me olvides en las alegrías de Central Valley. ¿Ves el cerezo grande, el que da sombra a la casa de las gallinas? Pues ese soy yo, con tantos ojos como tiene hojas él, y con tantos brazos, para abrazarte, como él tiene ramas. Y todo lo que hagas, y lo que pienses, lo veré yo, como lo ve el cerezo. Tú sabes que yo soy brujo, y que adivino los pensamientos desde lejos, y soy como los vestidos de esas bailarinas clavadas a un cartón que anuncian el agua, que cuando hay tiempo bueno tienen el vestido azul, y si el tiempo es malo, el vestido es del color de un golpe, de morado oscuro, y si hay tormenta, negro. Si piensas algo que no me puedas decir, de lejos lo sentiré, por dondequiera que yo ande, y me pondré oscuro, como el vestido que anuncia el mal tiempo.

Por el viaje no hemos visto mucho nuevo. He visto gente mala y buena, y con la buena he podido más que la mala. He estado enfermo, y me atendieron muy bien la cubana Paulina, que es negra de color, y muy señora en su alma, mi médico Barbarrosa, hombre de Cuba y de París, y hermano bueno del que tú conoces, —y Pancho, que no se separa de mi cabecera, y hace muy buenos discursos: pero todavía anda jorobado, y se pone el sombrero sobre la oreja. Y en tantas leguas de arena y de pinares, la verdad es que solo tres cosas nos han llamado la atención: —un negro viejo de África, en la estación de Thomasville, del Estado de Georgia, donde no se puede beber vino ni cerveza: el negro lo era mucho, de bigote y barba de horca, como creo que esta el Moisés pintado en el *Diccionario* de Larousse (Moyse), la levita y el pantalón negros como él, el sombrero de palma, con las alas muy anchas, dobladas a los lados por el borde, la mano en el bastón, con una cuerda pasada a la muñeca, y la mirada como fuego, encendida, y larga: —y lo otro fue el almuerzo muerto de un mal hotel, con huevos que olían a pollo, y un *beef-steak* engurruñado y hediondo, y *hominy*, —y tres niñas en su traje azul, con gorros de campo, que venían de la casa de la escuela, allá en lo hondo del monte, por entre los pinos. Aquí los niños besan, y la gente sonríe. —No te me pongas áspera.

Quería, antes de entrar en viaje, recibir carta tuya, y temo que no llegue. A ver si piensas en mí, que te cuido y te quiero tanto, cuando todos estén alegres, y yo no esté donde tú estás, —cuando está el cielo tranquilo, y muy lleno de estrellas.

Tu Martí

Dale un beso a Patria. 29 de mayo

3. Mi María:

¿A que no sabes qué te llevo? «Cuatro danzas» lindas, de un señor de acá de México, a las cuatro hijas de mi amigo Mercado, —y una «Melopea», a que Carmita la recite al piano, —y dos piezas muy finas sobre Ruy Blas y Carmen. El domingo me preparó la casa de Mercado una gran fiesta de música, para mí solo. Las tres hijas cantan, y una con voz muy pura y llena, —y tocan, tu rapsodia y tu minueto: por la noche fue lo hermoso, con la orquesta de once, de mandolinas, bandurrias y guitarras. Pero lo admirable aquí es el pudor de las mujeres, no como allá, que permiten a los hombres un trato demasiado cercano y feo. Esta es otra vida, María querida. Y hablan con sus amigos, con toda la libertad necesaria; pero a distancia, como debe estar el gusano de la flor. Es muy hermoso aquí el decoro de las mujeres. Cada una, por su decoro, parece una princesa. ¡Y el cariño de la casa!

Acá ahora tengo muchas hijas. Son mujeres ya las tres hijas de Manuel Mercado, y para mí son como si fueran niñas. La casa parece una jaula de pájaros deshecha cuando llego. Me han puesto la mesa llena de rosas y nardos: me ha hecho cada una con sus manos un plato finísimo, de comida o de dulce: cada una me ha preparado una sorpresa. A mí, a veces, se me llena de lágrimas el corazón. —Y me pongo a pensar, y me pregunto si tú me querrás así, y Carmita, y Ernesto. —Yo todo lo que veo, quisiera llevárselos: y no puedo nada: un muñequito sí les llevo, y un amigo que las ve por todas las partes. ¿Qué plato fino me preparas tú, hecho con tus manos? Aquí todas las niñas saben hacer platos finos.

—Y yo, temblar de miedo, de que tú no me quieras como aquí me quieren.

Tu Martí

Athos febrero 2, 1895

4. Mi niña querida:

Tu carita de angustia está todavía delante de mí, y el dolor de tu último beso. Los dos seremos buenos, yo para merecer que me vuelvas a abrazar, y tú para que yo te vea siempre tan linda como te vi entonces. No tengas nunca miedo a sufrir. Sufrir bien, por algo que lo merezca, da juventud y hermosura. Mira a una mujer generosa: hasta vieja es bonita, y niña siempre, —que es lo que dicen los chinos, que solo es grande el hombre que nunca pierde su corazón de niño: y mira a una mujer egoísta, que, aun de joven, es vieja y seca. Ni a las arrugas de la vejez ha de tenerse miedo. «Esas arrugas que tú tienes, madre mía —dice algo que leí hace mucho tiempo—, no son las arrugas feas de la cólera, sino las nobles de la tristeza.» —Quiere y sirve, mi María. —Así te querrán, y te querré. —¿Y cómo no te querré yo, que te llevo siempre a mi lado, que te busco cuando me siento a la mesa, que cuanto leo y veo te lo quiero decir, que no me levanto sin apoyarme en tu mano, ni me acuesto sin buscar y acariciar tu cabeza? ¿Y tú me olvidarás, o te distraerás de mí, y querrás más a quien te quiera menos que yo?

¿Qué has hecho desde que te dejé? Entre niños y enfermos y las primeras visitas habrás tenido poco tiempo en los primeros días; pero ya estarás tranquila, cuidando mucho a tu madre tan buena, y tratando de valer tanto como quien más valga, que es cosa que en la mayor pobreza se puede obtener, con la receta que yo tengo para todo, que es saber más que los demás, vivir humildemente, y tener la compasión y la paciencia que los demás no tienen. —A mi vuelta sabré si me has querido, por la música útil y fina que hayas aprendido para entonces: música que exprese y sienta, no hueca y aparatosa: música en que se vea un pueblo, o todo un hombre, y hombre nuevo y superior. Para la gente común, su poco de música común, porque es un pecado en este mundo tener la cabeza un poco más alta que la de los demás, y hay que hablar la lengua de todos, aunque sea ruin, para que no hagan pagar demasiado cara la superioridad. —Pero para uno, en su interior, en la libertad de su casa, lo puro y lo alto.

Los libros, se habrán que dado en Central Valley, y yo lo he de sentir, sobre todo si se quedó allá el Larousse, que ahora te serviría en un trabajo de cariño que quiero que hagas, para ver si te acuerdas de mí, —y es que vayas haciendo como una historia de mi viaje, a modo de diccionario, con la explicación de los nombres curiosos de este viaje mío. —*Atlas*, por ejemplo, es el nombre de la compañía de estos vapores: busca *Atlas*, y escribe lo que encuentres. —*Athos*, es el nombre del vapor: busca Athos. —*Cap Haitien*, es el lugar a donde vamos ahora, —búscalo, en el Larousse y en las geografías. Y así harás un libro curioso e irías pensando en mí. —El Larousse está en casa de Gonzalo, y Blanche tiene un buen libro de Mitología, donde puedes leer de Atlas y Athos: «Goldfinch» es el autor del libro, o cosa así, con láminas. —De *Cap Haitien* habla mucho una geografía de las Antillas que tenemos, pero está en Central Valley. —Tú hallarás. —No se sabe bien sino lo que se descubre.

Y ahora un abrazo muy largo, para que te duermas con él. —Visita en nombre mío a Aurora, y al *bebito* y diles que es leal mi corazón. Estarás hecha una madre, con los hijos de Luis. —Es lo que me gusta más de ti: que te quieren los niños. —Pero nadie te quiere más, ni desea más verte y oírte que tu Martí

5. Mi María:

¿Y cómo me doblo yo, y me encojo bien, y voy dentro de esta carta, a darte un abrazo? ¿Y cómo te digo esta manera de pensarte, de todos los momentos, muy fina y penosa, que me despierta y que me acuesta, y cada vez te ve con más ternura y luz? No habrá quién más te quiera; y solo debes querer más que a mí a quien te quiera más que yo.

¿A que de París, de ese París que veremos un día juntos, cuando los hombres me hayan maltratado, y yo te lleve a ver mundo antes de que entres en los peligros de él, —a que de París vas a recibir un gran recuerdo mío, por mano de un amigo generoso de Cabo Haitiano, del padre de Rosa Dellundé? Yo voy sembrándote, por dondequiera que voy, para que te sea amiga la vida. Tú, cada vez que veas la noche oscura, o el Sol nublado, piensa en mí.

En mi nombre visita a Benjamincito, y a Aurora, y a Mercedes, a quien escribiré antes de salir de aquí, y ve con ella a llevarle flores a mi pobrecita Patria. Que tu madre sienta todos los días el calor de tus brazos. Que no hagas nunca nada que me dé tristeza, o yo no quisiera que tú hicieses. Que te respeten todos, por decorosa y estudiosa. Que entiendas cuánto, cuánto te quiere

Tu Martí

Y ¿esa oreja de mi leal Ernesto? Le mando un beso, allí donde se le heló, tú se lo das.

6. Maricusa mía:

¿Cuántos días hace ya que no te acuerdas de mí? Yo te necesito más, mientras menos te veo. Anoche, a las cuatro de la madrugada, estaba en el batey, como aquí llaman al patio de las casas de campo, al claro desyerbado que rodea la casa de vivienda: en el cielo, de un azul que parecía vivo, estaban encendidas las estrellas: la Luna recortada, y como de un fuego suave, iluminaba de arriba un mazo de palmas: las hojas de las palmeras se mecían suavemente, en el claro silencio: yo pensaba en ti. —Y cuando el día antes había pasado por el camino, lleno todo, a un lado y otro, de árboles frutales, de cocos y mangos, de caimitos y mameyes, de aguacates y naranjos, pensaba en ustedes, y en tenerlas conmigo, para sentarlas en la yerba, y llenarles la falda de frutas. —Estás lejos, entusiasmada con los héroes de colorín del teatro, y olvidada de nosotros, los héroes verdaderos de la vida, los que padecemos por los demás, y queremos que los hombres sean mejores de lo que son. Malo es vestir de saco viejo, y de sombrero de castor: cualquier tenor bribón, con un do en la garganta, le ocupa los pensamientos a una señorita, con tal que lleve calzas lilas y jubón azul, y sombrero de plumas. —Ya ves que estoy celoso, y que me tienes que contentar. Es que por el aire, que lleva y trae almas, no me han llegado las cartas que esperaba recibir de ti. —Le hablé de ti en el camino a una guajirita que sabe leer letra de pluma: a una huérfana de nueve años: —ahora le llevo de regalo un libro: se lo llevo en tu nombre. —Haz tú como yo: haz algo bueno cada día en nombre mío. —Visita a Aurora, y a mi gran baby. —Y no le dejes solo el pensamiento a tu mamá. Rodéala y cuídala. —Un beso triste de tu

José Martí

7. Mi María y mi Carmita:

Salgo de pronto a un largo viaje, sin pluma ni tinta, ni modo de escribir en mucho tiempo. Las abrazo, las abrazo muchas veces sobre mi corazón. Una carta he de recibir siempre de ustedes, y es la noticia, que me traerán el Sol y las estrellas, de que no amarán en este mundo sino lo que merezca amor, —de que se me conservan generosas y sencillas, —de que jamás tendrán de amigo a quien no las iguale en mérito y pureza. —Y ¿en qué pienso ahora, cuando las tengo así abrazadas? En que este verano tengan muchas flores: en que en el invierno pongan, las dos juntas, una escuela: una escuela para diez niñas, a 6 pesos, con piano y español, de nueve a una: y me las respetarán, y tendrá pan la casa. Mis niñas ¿me quieren? —Y mi honrado Ernesto. —Hasta luego. Pongan la escuela. No tengo qué mandarles —más que los brazos. Y un gran beso de su

Martí

25 Marzo.

8a. A mi María

Y mi hijita ¿qué hace, allá en el Norte, tan lejos? ¿Piensa en la verdad del mundo, en saber, en querer, —en saber para poder querer, —querer con la voluntad, y querer con el cariño? ¿Se sienta, amorosa, junto a su madre triste? ¿Se prepara a la vida, al trabajo virtuoso e independiente de la vida, para ser igual o superior a los que vengan luego, cuando sea mujer, a hablarle de amores, —a llevársela a lo desconocido, o a la desgracia, con el engaño de unas cuantas palabras simpáticas, o de una figura simpática? ¿Piensa en el trabajo, libre y virtuoso, para que la deseen los hombres buenos, para que la respeten los malos, y para no tener que vender la libertad de su corazón y su hermosura por la mesa y por el vestido? Eso es lo que las mujeres esclavas, —esclavas por su ignorancia y su incapacidad de valerse, —llaman en el mundo «amor». Es grande, amor; pero no es eso. Yo amo a mi hijita. Quien no la ame así, no la ama. Amor es delicadeza, esperanza fina, merecimiento, y respeto. —¿En qué piensa mi hijita? ¿Piensa en mí?

8b

Aquí estoy, en Cabo Haitiano; cuando no debía estar aquí. Creí no tener modo de escribirte en mucho tiempo, y te estoy escribiendo. Hoy vuelvo a viajar, y te estoy otra vez diciendo adiós. Cuando alguien me es bueno, y bueno a Cuba, le enseño tu retrato. Mi anhelo es que vivan muy juntas, su madre y ustedes, y que pases por la vida pura y buena. Espérame, mientras sepas que yo viva. Conocerás el mundo, antes de darte a él. Elévate, pensando y trabajando. ¿Quieres ver cómo pienso en ti —en ti y en Carmita? Todo me es razón de hablar de ti, el piano que oigo, el libro que veo, el periódico que llega. Aquí te mando en una hoja verde, el anuncio del periódico francés a que te suscribió Dellundé. El *Harper's Young People* no lo leíste, pero no era culpa tuya, sino del periódico, que traía cosas muy inventadas, que no se sienten ni se ven, y más palabras de las precisas. Este *Petit français* es claro y útil. Léelo, y luego enseñarás. Enseñar, es crecer. —Y por el correo te mando dos libros, y con ellos una tarea, que harás, si me quieres; y no harás, si no me quieres. —Así, cuando esté en pena, sentiré como una mano en el hombro, o como un cariño en la frente, o como las sonrisas con que me entendías y consolabas; —y será que estás trabajando en la tarea, pensando en mí.

Un libro es *L'Histoire Générale*, un libro muy corto, donde está muy bien contada, y en lenguaje fácil y limpio, toda la historia del mundo, desde los tiempos más viejos, hasta lo que piensan e inventan hoy los hombres. Son 180 sus páginas: yo quiero que tú traduzcas, en invierno o en verano, una página por día; pero traducida de modo que la entiendas, y de que la puedan entender los demás, porque mi deseo es que este libro de historia quede puesto por ti en buen español, de manera que se pueda imprimir, como libro de vender, a la vez que te sirva, a Carmita y a ti, para entender, entero y corto el movimiento del mundo, y poderlo enseñar. Tendrás, pues, que traducir el texto todo, con el resumen que va al fin de cada capítulo, y las preguntas que están al pie de cada página; pero como éstas son para ayudar al que lee a recordar lo que ha leído; y ayudar al maestro a preguntar, tú las traducirás de modo que al pie de cada página escrita solo vayan las preguntas que corresponden a esa página. El resumen lo traduces al acabar cada capítulo. —La traducción ha de ser natural, para que parezca como si el libro hubiese sido escrito en la lengua a que lo traduces —que en eso se conocen las buenas traducciones. En francés hay muchas palabras que no son necesarias en español. Se dice, —tú sabes— il est, cuando no hay él ninguno; sino para acompañar a es, porque en francés el verbo no va solo: y en español, la repetición de esas palabras de persona, —del yo y él y nosotros y ellos, —delante del verbo, ni es necesaria ni es graciosa. Es bueno que al mismo tiempo que traduzcas, —aunque no por supuesto a la misma hora, —leas un libro escrito en castellano útil y sencillo, para que tengas en el oído y en el pensamiento la lengua en que escribes. Yo no recuerdo, entre los que tú puedes tener a mano, ningún libro escrito en este español simple y puro. Yo quise escribir así en *La Edad de Oro*; para que los niños me entendiesen, y el lenguaje tuviera sentido y música. Tal vez debas leer, mientras estés traduciendo, *La Edad de Oro*. —El francés de *L'Histoire Générale* es conciso y directo, como yo quiero que sea el castellano de tu traducción; de modo que debes imitarlo al traducir, y procurar usar sus mismas palabras, excepto cuando el modo de decir francés, cuando la frase francesa, sea diferente en castellano. —Tengo, por ejemplo, en la página 19, en el párrafo nº 6, esta frase delante de mí: «Les Grecs ont les premiers cherché a se rendre compte des choses du monde». —Por supuesto que no puedo traducir la frase así, palabra por palabra: —«Los Griegos han los primeros buscado a darse cuenta de las cosas del mundo», —porque eso no tiene sentido en español. Yo traduciría: «Los griegos fueron los primeros que trataron de entender las cosas del mundo». Si digo: «Los griegos han tratado los primeros», diré mal, porque no es español eso. Si sigo diciendo: «de darse cuenta», digo mal también, por que eso tampoco es español. Ve, pues, el cuidado con que hay que traducir, para que la traducción pueda entenderse y resulte elegante, y para que el libro no quede, como tantos libros traducidos, en la misma lengua extraña en que estaba. —Y el libro te entretendrá, sobre todo cuando llegues a los tiempos en que vivieron los personajes de que hablan los versos y las óperas. Es imposible entender una ópera bien, —o la romanza de Hildegonda, por ejemplo, —si no se conocen los sucesos de la historia que la ópera cuenta, y si no se sabe quién es Hildegonda, y dónde y cuándo vivió, y qué hizo. —Tu música no es así, mi María; sino la música que entiende y siente. —Estudia, mi María; —trabaja, —y espérame.

8c

Y cuando tengas bien traducida *L'Histoire Générale*, en letra clara, a renglones iguales y páginas de buen margen, nobles y limpias ¿cómo no habrá quien imprima; —y venda para ti, venda para tu casa, —este texto claro y completo de la historia del hombre, mejor, y más atractivo y ameno, que todos los libros de enseñar historia que hay en castellano? La página al día, pues: mi hijita querida. Aprende de mí. Tengo la vida a un lado de la mesa, y la muerte a otro, y un pueblo a las espaldas: —y ve cuántas páginas te escribo.

8d

El otro libro es para leer y enseñar: es un libro de 300 paginas, ayudado de dibujos, en que está, María mía, lo mejor —y todo lo cierto de lo que se sabe de la naturaleza ahora. Ya tú leíste, o Carmita leyó antes que tú, las Cartillas de Appleton. Pues este libro es mucho mejor, —más corto, más alegre, más lleno, de lenguaje más claro, escrito todo como que se lo ve. Lee el último capítulo, «La Physiologie Végétale», —la vida de las plantas, y verás qué historia tan poética y tan interesante. Yo la leo, y la vuelvo a leer, y siempre me parece nueva. Leo pocos versos, porque casi todos son artificiales o exagerados, y dicen en lengua forzada falsos sentimientos, o sentimientos sin fuerza ni honradez, mal copiados de los que los sintieron de verdad. Donde yo encuentro poesía mayor es en los libros de ciencia, en la vida del mundo, en el orden del mundo, en el fondo del mar, en la verdad y música del árbol, y su fuerza y amores, en lo alto del cielo, con sus familias de estrellas, —y en la unidad del universo, que encierra tantas cosas diferentes, y es todo uno, y reposa en la luz de la noche del trabajo productivo del día. Es hermoso, asomarse a un colgadizo, y ver vivir al mundo: verlo nacer, crecer, cambiar, mejorar, y aprender en esa majestad continua el gusto de la verdad, y el desdén de la riqueza y la soberbia a que se sacrifica, y lo sacrifica todo, la gente inferior e inútil. Es como la elegancia, mi María, que está en el buen gusto, y no en el costo. La elegancia del vestido, —la grande y verdadera, —está en la altivez y fortaleza del alma. Un alma honrada, inteligente y libre, da al cuerpo más elegancia, y mas poderío a la mujer, que las modas más ricas de las tiendas. Mucha tienda, poca alma.

Quien tiene mucho adentro, necesita poco afuera. Quien lleva mucho afuera, tiene poco adentro, y quiere disimular lo poco. Quien siente su belleza, la belleza interior, no busca afuera belleza prestada: se sabe hermosa, y la belleza echa luz. Procurará mostrarse alegre, y agradable a los ojos, porque es deber humano causar placer en vez de pena, y quien conoce la belleza la respeta y cuida en los demás y en sí. Pero no pondrá en un jarrón de China un jazmín: pondrá el jazmín, solo y ligero, en un cristal de agua clara. Esa es la elegancia verdadera: que el vaso no sea más que la flor. —Y esa naturalidad, y verdadero modo de vivir, con piedad para los vanos y pomposos, se aprende con encanto en la historia de las criaturas de la tierra. —Lean tú y Carmita el libro de Paul Bert: a los dos o tres meses, vuelvan a leerlo; léanlo otra vez, y ténganlo cerca siempre, para una página u otra, en las horas perdidas. Así sí serán maestras, contando esos cuentos verdaderos a sus discípulas, en vez de tanto quebrado y tanto decimal, y tanto nombre inútil de cabo y de río, que se ha de enseñar sobre el mapa como de casualidad, para ir a buscar el país de que se cuenta el cuento, o —donde vivió el hombre de que habla la historia. —Y cuentas, pocas, sobre la pizarra, y no todos los días. Que las discípulas amen la escuela, y aprendan en ella cosas agradables y útiles.

8e

Porque ya yo las veo este invierno, a ti y a Carmita, sentadas en su escuela, de nueve a una del día, trabajando las dos a la vez, si las niñas son de edades desiguales, y hay que hacer dos grupos, o trabajando una después de otra, con una clase igual para todas. Tú podrías enseñar piano y lectura, y español tal vez, después de leerlo un poco más; —y Carmita una clase nueva de deletreo y composición a la vez, que sería la clase de gramática, enseñada toda en las pizarras, al dictado, y luego escribiendo lo dictado en el pizarrón, vigilando porque las niñas corrijan sus errores, —y una clase de geografía, que fuese más geografía física que de nombres, enseñando como está hecha la tierra, y lo que alrededor la ayuda a ser, y de la otra geografía, las grandes divisiones, y esas bien, sin mucha menudencia, ni demasiados detalles yankees, —y una clase de ciencias, que sería una conversación de Carmita, como un cuento de veras, en el orden en que está el libro de Paul Bert, si puede entenderlo bien ya, y si no, en el que mejor pueda idear, con lo que sabe de las cartillas, y la ayuda de lo que en Paul Bert entienda, y astronomía. Para esa clase le ayudarían mucho un libro de Arabella Buckley, que se llama *The Fairy-Land of Science*, y los libros de Johri Lubbock, y sobre todo dos, *Fruits, Flowers and Leaves*, y *Ants, Bees, and Wasps*. Imagínate a Carmita contando a las niñas las amistades de las abejas y las flores, y las coqueterías de la flor con la abeja, y la inteligencia de las hojas, que duermen y quieren y se defienden, y las visitas y los viajes de las estrellas, y las casas de las hormigas. Libros pocos, y continuo hablar. —Para historia, tal vez sean aún muy nuevas las niñas. Y el viernes, una clase de muñecas, —de cortar y coser trajes para muñecas, y repaso de música, y clase larga de escritura, y una clase de dibujo. —Principien con dos, con tres, con cuatro niñas. Las demás vendrán. En cuanto sepan de esa escuela alegre y útil, y en inglés, los que tengan en otra escuela hijos, se los mandan allí: y si son de nuestra gente, les enseñan para más halago, en una clase de lectura explicada —/explicando el sentido de las palabras/— el español: no más gramática que esa: la gramática la va descubriendo el niño en lo que lee y oye, y esa es la única que le sirve. —¿Y si tú te esforzaras, y pudieras enseñar francés como te lo enseñé yo a ti, traduciendo de libros naturales y agradables? —Si yo estuviera donde tú no me pudieras ver, o donde ya fuera imposible la vuelta, sería orgullo grande el mío, y alegría grande, si te viera desde allí, sentada, con tu cabecita de luz, entre las niñas que irían así saliendo de tu alma, —sentada, libre del mundo, en el trabajo independiente. —Ensáyense en verano: empiecen en invierno. Pasa, callada, por entre la gente vanidosa. Tu alma es tu seda. Envuelve a tu madre, y mímala, porque es grande honor haber venido de esa mujer al mundo. Que cuando mires dentro de ti, y de lo que haces, te encuentres como la tierra por la mañana, bañada de luz. Siéntete limpia y ligera, como la luz. Deja a otras el mundo frívolo: tú vales más. Sonríe, y pasa. Y si no me vuelves a ver, haz como el chiquitín cuando el entierro de Frank Sorzano: pon un libro, —el libro que te pido, —sobre la sepultura. O sobre tu pecho, porque ahí estaré enterrado yo si muero donde no lo sepan los hombres. —Trabaja. Un beso. Y espérame.

Tu Martí

Cabo Haitiano, 9 de abril, 1895.

Libros a la carta

A la carta es un servicio especializado para
empresas,
librerías,
bibliotecas,
editoriales
y centros de enseñanza;
y permite confeccionar libros que, por su formato y concepción, sirven a los propósitos más específicos de estas instituciones.

Las empresas nos encargan ediciones personalizadas para marketing editorial o para regalos institucionales. Y los interesados solicitan, a título personal, ediciones antiguas, o no disponibles en el mercado; y las acompañan con notas y comentarios críticos.

Las ediciones tienen como apoyo un libro de estilo con todo tipo de referencias sobre los criterios de tratamiento tipográfico aplicados a nuestros libros que puede ser consultado en Linkgua-ediciones.com.

Linkgua edita por encargo diferentes versiones de una misma obra con distintos tratamientos ortotipográficos (actualizaciones de carácter divulgativo de un clásico, o versiones estrictamente fieles a la edición original de referencia).

Este servicio de ediciones a la carta le permitirá, si usted se dedica a la enseñanza, tener una forma de hacer pública su interpretación de un texto y, sobre una versión digitalizada «base», usted podrá introducir interpretaciones del texto fuente. Es un tópico que los profesores denuncien en clase los desmanes de una edición, o vayan comentando errores de interpretación de un texto y esta es una solución útil a esa necesidad del mundo académico.

Asimismo publicamos de manera sistemática, en un mismo catálogo, tesis doctorales y actas de congresos académicos, que son distribuidas a través de nuestra Web.

El servicio de «libros a la carta» funciona de dos formas.

1. Tenemos un fondo de libros digitalizados que usted puede personalizar en tiradas de al menos cinco ejemplares. Estas personalizaciones pueden ser de todo tipo: añadir notas de clase para uso de un grupo de estudiantes, introducir logos corporativos para uso con fines de marketing empresarial, etc. etc.

2. Buscamos libros descatalogados de otras editoriales y los reeditamos en tiradas cortas a petición de un cliente.

www.ingramcontent.com/pod-product-compliance
Lightning Source LLC
La Vergne TN
LVHW101933220826
846093LV00009B/449
9788490076941